AF300308

COLLECTION LÉON GAUCHEREL

EAUX-FORTES

GRAVURES

TABLEAUX ET DESSINS

MAI 1886

M. PAUL CHEVALIER
Commissaire-Priseur
10, RUE DE LA GRANGE-BATELIÈRE, 10

MM. DANLOS FILS & DELISLE
Marchands d'Estampes
15, QUAI MALAQUAIS, 15

CATALOGUE

DE LA COLLECTION

LÉON GAUCHEREL

PEINTRE GRAVEUR

EAUX-FORTES ET GRAVURES

MODERNES

PAR BRACQUEMOND, DAUBIGNY, L. FLAMENG

L. GAUTIER, SEYMOUR HADEN, J. JACQUEMART, LALAUZE, LEGROS, ETC.

ŒUVRE DE LÉON GAUCHEREL

PARTIE DE L'ŒUVRE DE RAJON

PARTIE DE L'ŒUVRE DE E. MEISSONIER

TABLEAUX, DESSINS ET AQUARELLES

DE MEISSONIER, E. DELACROIX, DAUBIGNY

GAUCHEREL, HARPIGNIES, LHERMITTE, JACQUEMART, VIOLLET-LE-DUC

LIVRES SUR LES BEAUX-ARTS

DONT LA VENTE AUX ENCHÈRES PUBLIQUES AURA LIEU

HOTEL DES COMMISSAIRES-PRISEURS, RUE DROUOT, 5

SALLE N° 4

Les Mercredi 26 et Jeudi 27 Mai 1886

A UNE HEURE ET DEMIE

Par le ministère de Me **Paul CHEVALIER**, commissaire-priseur

RUE DE LA GRANGE-BATELIÈRE, 10

Assisté de **MM. DANLOS** fils et **DELISLE**, marchands d'estampes

QUAI MALAQUAIS, 15

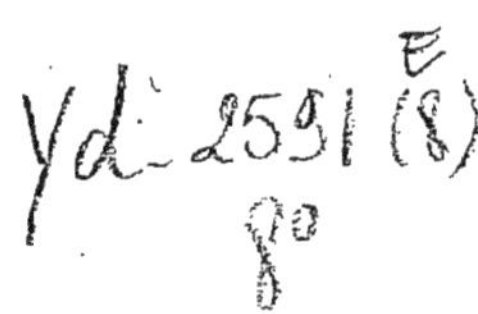

CONDITIONS DE LA VENTE

Elle sera faite au comptant.

Les acquéreurs paieront cinq pour cent en sus des enchères.

MM. Danlos fils et Delisle, chargés de la vente, se réservent la facilité de rassembler ou de diviser les lots.

ORDRE DES VACATIONS

Première vacation. — *Mercredi 26 Mai 1886.*

<table>
<tr><td></td><td>Numéros.</td></tr>
<tr><td>Eaux-fortes. . . . .</td><td>64 — 330</td></tr>
</table>

Deuxième vacation. — *Jeudi 27 Mai 1886.*

<table>
<tr><td>Eaux-fortes. . . . .</td><td>331 — 454</td></tr>
<tr><td>Livres . . . .</td><td>455 — 493</td></tr>
<tr><td>Tableaux, dessins . . . .</td><td>5 — 65</td></tr>
<tr><td>Meubles, Tapisseries. . . . .</td><td>1 — 4</td></tr>
</table>

DÉSIGNATION

MEUBLES

1. Cabinet espagnol de la fin du xvie siècle ouvrant et abattant, renfermant quantité de tiroirs ornés de colonnettes et de moulures, et garni à l'extérieur de ferrures découpées.

2. Ancienne et très belle armoire Louis XIII, à quatre vantaux en bois sculpté.

3. Très grande tapisserie d'Aubusson, xviie siècle, avec sujet allégorique et bordure de feuillage.

4. Très grande tapisserie de Flandre du xviie siècle avec sujet allégorique; elle est bordée en partie.

TABLEAUX

BOILVIN.

5. Voiture de boucher, allant au grand trot.

Esquisse. Signée.

DAUBIGNY.

6. Bords d'une rivière. Effet de nuit. Signé.

GAUCHEREL (L.).

7. Vue de la Creuse. Tableau capital.

Dernière œuvre de Léon Gaucherel.

MICHEL.?

8. Paysage montagneux.

MICHEL.

9. Moulins à Montmartre.

PRUD'HON (P.-P).?

10. Portrait de Jeune femme en buste.

Charmante esquisse d'une grande finesse de ton.

RICHARD.

11. Jeune paysanne donnant la becquée à un oiseau. Signé.

VLEUGHELS.

12. Jeune paysanne italienne.

VIOLLET-LE-DUC.

13. Un Banquet aux Tuileries sous le règne du roi Louis-Philippe.

DESSINS

DELACROIX (E.).

14. Étude pour un vitrail.

Aquarelle portant le timbre de la vente.

FREUDEBERG (d'après).

14 *bis*. L'Horoscope accomplie.

Aquarelle.

GAUCHEREL (L.).

15. Portail latéral de la cathédrale de Chartres. Dessin capital au lavis d'encre de Chine, ayant un peu souffert. A été gravé.

15 *bis*. Vue de la place Saint-Marc à Venise.

Pastel.

16. Canal à Venise.

Aquarelle. Encadrée.

16 *bis*. Canal à Venise.

Pastel.

17. Roches au bord de la mer. Plougastel (Finistère).

Pastel.

17 *bis*. Vaches au pâturage.

Pastel. Encadré.

18. La Mer sauvage (île de Ré.)

Pastel.

18 *bis*. Saint-Jouin, près Étretat.

Aquarelle.

19. Roches au bord de la mer.

Aquarelle.

20. Chemin bordant un bois.

    Fusain. Encadré.

21. Vues de Venise. Deux pièces.

    Aquarelle et pastel.

22. Vues de Venise. Six pièces.

    Aquarelles.

23. Vues d'Italie. Cinq pièces.

    Aquarelles.

24. Vues de Naples et d'Italie. Six pièces.

    Aquarelles.

25. Ruines et paysages d'Italie. Monuments antiques. Sept
pièces.

    Aquarelles.

26. Rochers au bord de la mer (île d'Ouessant). Vue prise au
Conquet. — Montfort-l'Amaury. Quatre pièces.

    Aquarelles et sépias.

27. Ruines à Paris après la Commune. — Intérieur d'église en
ruines. — La Mer sauvage (île de Ré). — Paysages.
Six pièces.

    Aquarelles et fusains.

28. Détails d'architecture et d'ornementation de la cathédrale
de Chartres. Soixante croquis et études à la mine de
plomb.

29. Tourelle, place de l'Hôtel-de-Ville. — Tourelle, rue du
Temple. — Tourelle, dite de Marat, rue de l'École-de-
Médecine. — Tourelle, rue de Jérusalem. Quatre dessins
intéressants sur le vieux Paris.

    Aquarelle et lavis d'encre de Chine.

30. Vues et détails d'ornementation pris à Florence. Onze
dessins et croquis à la mine de plomb.

31. Vues d'Italie. Vingt-huit dessins et études à la mine de
plomb et à la sépia.

32. Vues de Venise. Douze études et croquis à la mine de plomb
et au fusain.

33. Vues et détails d'architecture pris à Rome. Trente-cinq études et croquis à la mine de plomb, à la sépia et au fusain.

34. Vues et détails d'architecture pris en Sicile. Trente-deux études et croquis à la mine de plomb, sépia et fusain.

35. Vues de Périgueux. Dix dessins à la mine de plomb ayant été gravés dans le vieux Périgueux.

36. Vues de la ville et des environs de Saintes. Quinze études et croquis à la mine de plomb et au fusain.

37. Paysages, vues de monuments et de villes prises en Normandie et en Poitou. Quarante-cinq études et croquis à la mine de plomb.

38. Vues et détails d'architecture pris en Bretagne. Soixante croquis et études à la mine de plomb et au fusain.

39. Costumes bretons. Sept aquarelles.

40. Orfèvrerie et ornementation. Quinze dessins à la mine de plomb et au lavis d'encre de Chine.

41. Vues de monuments et détails d'architecture. Vingt-quatre études et croquis à la mine de plomb.

42. Soixante études et croquis à la mine de plomb et au fusain.

43. Soixante études et croquis à la mine de plomb et au fusain.

44. Détails d'architecture. Cent études et croquis à la mine de plomb.

45. Détails d'architecture. Cent dessins et croquis à la mine de plomb.

HARPIGNIES.

46. Paysage.

Aquarelle. Signée.

JACQUEMART (J.).

47. Bijoux du xvie siècle, quatre motifs sur une même feuille.

A la mine de plomb. Signé et daté avec dédicace à M. Gaucherel. Encadré.

48. Portrait d'une jeune femme.

Aquarelle.

LALANNE.

49. Sous bois. — Paysage. — Deux très importants dessins au fusain.

50. Études et Paysages. Cinq dessins au fusain.

LALAUZE.

51. Vase de fleurs.

Aquarelle signée et datée 1881. Encadrée.

52. Vues et Études prises au bord de la mer. Cinq pièces.

Aquarelles.

LHERMITTE (L.).

53. Vue latérale d'un vieux château.

Fusain. Signé. Encadré.

MARÉCHAL DE METZ.

54. Galilée.

Fusain. A été gravé par M. Gaucherel.

MEISSONIER (E.).

55. Cavalier sous Louis XIII.

A la plume. A été gravé par M. Gaucherel.

PALIZZI, LALANNE, P. ROUSSEAU.

56. Études et croquis. Six dessins à la plume et au crayon noir.

RENOUARD (P.).

57. Études de chats.

Cinq dessins à la gouache. Ont figuré à l'Exposition sous n° 4479. Encadrés.

58. Vue des Cagnards (Hôtel-Dieu).

Aquarelle. Encadrée.

VERNEILH (J. de).

59. Le Grenier d'abondance après la Commune. — Vue de Bordeaux. — Vues de Marseille. Quatre pièces.

Aquarelles et sépias.

60. Porte à Falfat. — Croisée du château de Puyguilhem (Dordogne).—Maison à Langon (Gironde), etc. Sept dessins à l'aquarelle et à la mine de plomb.

VIOLLET-LE-DUC.

61. Cimetière israélite à Prague.

Aquarelle.

62. Vue de la cathédrale de Bayeux. — Vue restaurée du Frigidarium des Thermes d'Antonin Caracalla. — Ruines, etc. Sept dessins à la mine de plomb et au lavis d'encre de Chine dont plusieurs ont été gravés.

63. Sous ce numéro seront vendus par lots un grand nombre de dessins, études peintes, paysages, vues de monuments, détails d'architecture et d'ornementation, non catalogués.

GRAVURES ET EAUX-FORTES

ABOT (Eng.).

64. Portrait, statues, fleurs, etc. Douze pièces.

BARILLOT.

65. Sous Metz. — Chevaux. — Cour de ferme.

Cinq épreuves japon et hollande.

GERY-BICHARD.

66. Les Contes de Cazotte. Cinq vignettes et le titre.
     Épreuves de remarque sur japon avec dédicace.

67. Molière. Six eaux-fortes, d'après J. Leman.
     Épreuves d'artiste avec remarque sur japon. Plusieurs portent
     une dédicace.

68. La Nuit, d'après Bouguereau, épreuve avec dédicace sur
     japon. — Quatre vignettes. Cinq pièces épreuves d'artiste.

69. Portraits de Dœllinger et autres pièces, d'après Israels,
     Giorgione. Quatre pièces.

BOCOURT.

70. Mirabeau aux États Généraux, d'après Dalou. Deux épreuves
     sur hollande.

71. Eaux-fortes d'après Sargent et autres. Quatre pièces.

BOILVIN.

72. Les cinq livres de F. Rabelais, édition des bibliophiles 1876-
     1877. Onze vignettes y compris le portrait.
     Épreuves d'artiste sur chine. Dédicace signée.

73. Psyché, deux épreuves d'artiste sur hollande. — Portrait
     d'Amyot, épreuve d'artiste sur hollande. Trois pièces.

74. Pièce gravée pour les Sonnets et Eaux-fortes (Lemerre 1869)
     et non publiée.
     Quatre épreuves d'artiste sur hollande dont une retouchée.

75. Agacerie. Eau-forte originale.
     Épreuve d'artiste sur japon avec dédicace.

76. Composition tirée de Rabelais. Deux épreuves japon et
     chine. — Arabes à cheval, d'après Bida. — La Bulle de
     savon, etc. Cinq pièces.
     Épreuves d'artiste.

77. Tête de femme. Eau-forte originale gravée pour décoration
     d'assiette.
     Rare.

BRACQUEMOND (F.).

78. Portrait de Duverger (Béraldi 35). — Jeune femme, d'après Amaury-Duval, épreuve d'état. — Galilée (B. 45). — Virginie de Leyra (B. 37). Quatre pièces.

79. Érasme, d'après Holbein (39).

    Épreuve du 6e état.

80. Lantara, d'après Joseph Vernet (71).

    Épreuve du 2e état tirée sur vieux papier.

81. Le Fou qui vend la sagesse (B. 109).

    Épreuve d'artiste sur vieux papier.

82. Le haut d'un battant de porte (B. 110).

    Épreuve du 4e état sur hollande.

83. La Mort du Matamore (177), épreuve sur japon du 3e état. — Le Buveur, d'après Lafond (B. 241), épreuve du 2e état. Deux pièces.

    Belles épreuves.

84. L'Hiver (B. 180).

    Épreuve du 2e état. Rare.

85. Au Jardin d'acclimatation (213).

    Épreuve sur hollande tirée en couleurs. Rare.

86. Sur la terrasse (B. 215) épreuve avant lettre sur japon. — Don Quichotte, d'après Goya, épreuve avec lettre. — Portrait de Meryon. — Promenade vénitienne, d'après Bonington, épreuve avant lettre. Quatre pièces.

    Belles épreuves.

87. Vue du pont des Saints-Pères (B. 217).

    Épreuve sur japon du 2e état.

88. Paysage au Cheval blanc, d'après Corot (B. 252).

    Épreuve du 1er état sur hollande.

89. Un camp en Algérie, d'après H. Vernet (B. 253), épreuve du 2e état. — Fantaisie. — La Pépie. Trois pièces.

90. Le Miroir, d'après Chaplin (260).
   Épreuve sur papier ancien 1er état.

91. Le Lièvre, d'après A. de Balleroy (B. 277).
   Trois superbes épreuves de divers états sur japon, chine et
   hollande, avant toutes lettres et avant la planche coupée.

92. La Servante, d'après Leys (B. 280).
   Épreuve du 3e état sur vieux papier.

93. Vingt-trois eaux-fortes ayant servi à l'illustration du Catalogue San Donato 1868 (294 à 316).
   Épreuves sur hollande.

94. Titre pour les tréteaux de Charles Monselet. Paris, Poulet-
   Malassis, 1859 (B. 373).
   Épreuve séparée avant le cuivre coupé, 2e état sur japon.

95. Frontispice pour les Satyres d'Amédée Marteau. Poulet-
   Malassis, 1862 (B. 429).
   Épreuve sur vieux papier du 2e état. Rare.

96. Fantin-Latour (B. 42), épreuve sur vieux papier.—Adresse de
   l'imprimeur Delatre (B. 517), épreuve avant le fond et
   avant l'adresse. — Mme Talma, portrait charge, sur la
   même planche, étude d'oiseaux (B. 146). — Paysage
   (B. 170), épreuve sur japon.
   Quatre pièces.

97. Paysage. — Train traversant un pont, d'après Turner. —
   Rochers au bord de la mer, d'après Laurens. — Portrait
   de M. Robert de Sèvres. — Motifs pour assiettes, deux
   épreuves. Six pièces.
   Épreuves d'artiste.

BOULARD.

98. Portrait de Daumier. Deux épreuves avec remarque. —
   Paysages et sujets divers, huit épreuves. Dix pièces.
   Épreuves d'artiste.

BUHOT (F.).

99. Le Palais de Westminster à Londres.
   Épreuve de l'avant-dernier état tiré à vingt-cinq épreuves avec les
   essais de marges symphoniques, sur Whatman.

100. Débarquement en Angleterre. — Carrières (état). — Les Petites Chaumières. — Paysage. Quatre pièces.

101. Bronzes japonais. — Porcelaines. — Masques, etc. Treize pièces.
Épreuves d'artiste tirées sur divers papiers.

102. Embouchure de la Tamise. — Retour de l'église. — Carrières. — Effet de nuit. Quatre pièces.

103. Les Voisins de campagne. — La Chapelle Saint-Michel. — Une jetée (pointe sèche). — Carrières. Quatre pièces.

104. Le Peintre de Marine. — Souvenir de la rivière de Modway. — Souvenir de Borham-Court. Trois pièces.
Épreuves sur japon et hollande.

105. Les Grandes Chaumières. — La Bergerie. Deux pièces.
Épreuves tirées sur papier huilé.

106. A la place Bréda, épreuve sur japon avec les marges symphoniques. — La Place Pigalle. Deux pièces.
Épreuve sur vieux papier.

BULAND (Em.).

107. Portraits de femmes, d'après Holbein et autres. Cinq pièces.
Épreuves avant et avec lettre.

BURNEY.

108. Mgr de Ségur, d'après Gaillard.
Épreuve d'artiste sur japon.

BUTIN (U.).

109. L'Attente. Eau-forte originale.
Épreuve d'artiste.

BRUNET DE BAINES.

110. Vues, paysages. Vingt-quatre pièces.
Épreuves d'artiste sur chine, japon et hollande.

CHAMPOLLION.

111. Vignettes pour Rolla. — Frontispice pour l'Éloge de la Folie.
—Oui ou Non, d'après Moreau. — Nouvelle Héloïse, d'après
Moreau. — Invitation, d'après Moreau. Cinq pièces.
>Épreuves sur japon.

112. Deux pièces, d'après Monvel et P. Laurens, pour l'Édition
Nationale de Victor Hugo.
>Épreuves d'artiste sur hollande.

113. Le Choix du modèle, d'après Fortuny.
>Épreuve d'artiste sur japon.

114. Le Modèle (partie du Choix du modèle), d'après Fortuny. —
Eau-forte, d'après Baudry. — Vignettes et pièces diverses.
>Douze épreuves sur hollande et japon.

115. L'Embarquement pour l'île de Cythère, d'après Watteau.
>Épreuve d'état sur hollande et épreuve d'artiste avec remarque
>sur japon. Deux pièces.

116. Un Coin de jardin, d'après Casanova.
>Épreuve d'état sur hollande et épreuve de remarque sur Japon.
>Deux pièces.

117. Le Décavé, d'après Orchardson.
>Épreuve d'état et épreuve terminée avec remarque sur hollande.
>Deux pièces.

118. Portraits de M. de Julienne. — Portraits d'actrices. Douze
pièces.
>Épreuves d'artiste et d'état sur hollande.

119. Le Menuet, d'après Jacquet.
>Épreuves du 1er état sur hollande et épreuve d'essai, planche
>terminée sur japon.

120. Femme couchée. — Italienne. — Le Papillon. — Le Choix
du modèle (petit format). Quatorze pièces.
>Épreuves d'artiste sur japon et hollande.

121. Sarah Bernhardt, d'après Bastien-Lepage.
>Épreuve d'essai 1er état sur hollande et épreuve d'artiste sur
>japon. Deux pièces.

122. Ornements, Vases, sujets divers, d'après Butin, Duez, etc.
Quatorze pièces.
>Épreuves d'artiste sur japon et hollande.

CHAUVEL (E.).

123. Le Bac, d'après Corot.
   Épreuve d'essai sur hollande.

124. Paysages, Marines, etc. Onze pièces.

125. Lithographies, d'après Troyon et Decamps. Épreuves d'artiste sur chine. Quatre pièces.

CHIFFART (F.).

126. Improvisation sur cuivre. Dix-sept pièces japon. Pièces diverses, six. Vingt-trois pièces.

127. Caprices, Folies et Travers. Dix eaux-fortes originales avec dédicace sur le titre.

CONTOUR (Mlle).

128. Tête d'homme, d'après Carolus Duran. — Portraits divers. Quatre pièces.
   Belles épreuves.

COURTRY (Ch.).

129. Le Derby à Epsom, d'après Géricault.
   Épreuve d'artiste avec remarque sur japon.

130. Portraits. — Vignettes. — Adresses. Dix-neuf pièces.
   Belles épreuves.

131. Intérieur d'église, d'après Robert-Fleury. — Portrait de femme, d'après Rubens. — La Mort de Marceau. — Fantaisie (pointe sèche). Quatre pièces.
   Épreuves d'état et terminées artiste.

132. Trois eaux-fortes, d'après Van Marcke.
   Épreuves d'artistes et d'état.

133. Vaches à l'abreuvoir. — Chiens de berger. — Sous bois. Trois pièces.
   Épreuves d'artiste et d'essai sur japon et hollande.

134. La Danse du ventre. — Le Bain. — Marchand d'esclaves, d'après Gérôme. Quatre pièces.

Épreuves d'artiste et d'état.

135. Eaux-fortes diverses, d'après Munkaczy, Willems, Gavarni, Gérôme, J. Tissot, Henner. Treize pièces.

Belles épreuves d'artiste.

136. Eaux-fortes, d'après Van Marcke, Robert-Fleury, P. de Hooch, etc. Huit pièces.

Épreuves d'état sur hollande.

137. Eaux-fortes diverses, d'après Velasquez, Troyon, H. Pille, etc. Trente-deux pièces.

Épreuves d'artiste, états, sur divers papiers.

138. Eaux-fortes diverses. Trente pièces.

Belles épreuves.

139. Eaux-fortes diverses. Trente pièces.

Belles épreuves.

DAMMAN.

140. Disparition de l'Ange devant Tobie.

Deux épreuves d'artiste et état.

141. Portraits, paysages et sujets. Onze pièces.

Épreuves d'artiste.

DAUBIGNY.

142. Le Buisson, d'après Ruysdaël.

Épreuve du 1er état, eau-forte pure (Henriet 73).

143. La même pièce.

Épreuve avant lettre. Encadrée.

144. Suite de dix-neuf paysages.

Épreuves tirées sur vieux papier avant le nom de l'imprimeur.

145. Le Verger (pour le livre des Sonnets et Eaux-fortes).

Rare épreuve du 2e état avec la remarque (H. 111).

146. Paysages. — Diverses pièces tirées des Chansons populaires.

Épreuves tirées du volume. Quinze pièces.

147. Le Chant du coq. — Le Gué du chien. Les deux pièces
gravées sur la même planche 1er état. Rare (H. 84).

DAUMONT (J.).

148. Paysages et vues. Sept pièces.

Épreuves hollande et japon.

149. Vue prise de la Butte-Montmartre. — Paysage d'après Dupré.
Deux pièces.

Épreuves sur japon, une est avec dédicace.

DELAUNAY.

150. Vue de Saint-Pierre de Caen, deux épreuves. — Paysages et
Vues, quatre épreuves. — Six pièces.

DIDIER.

151. Portrait de J.-P. Laurens. — Madeleine, d'après Henner. —
Portrait de Fortuny. Trois pièces dont deux épreuves
d'artiste.

DIVERS.

152. Eaux-fortes originales, par Jacquet, Leys, Corot, Vollon,
Worms. — Cinq pièces.

153. Portraits de Hédoin. — Portraits de femmes gravés par
Burney, Flameng, Waltner. Six pièces.

Épreuves d'artiste.

154. Vue de Boulogne, eau-forte de R.-P. Bonington. — Mort
du Sénateur, de Gérôme, avant la planche coupée. —
L'Angelus (petite planche), par Waltner, d'après Millet,
avant lettre. Cinq pièces.

155. Chênes de roches, eau-forte de Th. Rousseau. — Christ, par
Delacroix. — Chat couché, par Bonvin. — Fumeur, par
Gérôme. — La Pipe, par Ribot. Cinq pièces eaux-fortes,
originales.

156. Vignettes et portraits pour illustrations. Seize pièces sur
hollande et japon.

157. Portraits. Vingt-cinq pièces.

158. Sujets de genre.—Portraits.—Curiosités. Vingt-cinq pièces.

159. Paysages et vues. Vingt-cinq pièces.

160. Bateaux à Rouen, d'après Lapostolet. — Portrait de Louis Tocqué, d'après Nattier.—Chevaux, par Veyrassat. Sept pièces.

161. Collection de dix paysages, eaux-fortes originales.
> Épreuves sur chine.

162. Eaux-fortes, par Gilbert, de Verneuilles, Jeanron. Vingt-six pièces.
> Belles épreuves.

163. Vingt-cinq pièces par divers artistes.
> Épreuves d'artiste et d'essai.

164. Sonnets et eaux-fortes. — Collection de quarante-trois eaux-fortes imprimées en bistre, y compris celles non publiées dans le volume.
> Épreuves sur hollande.

165. Voyage pittoresque et romantique dans l'ancienne France du baron Taylor. Trois forts volumes contenant un grand nombre de lithographies.

166. Quinze pièces par divers artistes.

167. Société des aqua-fortistes, soixante eaux-fortes diverses avec lettre.

168. Société des aqua-fortistes, 3ᵉ année 1865. Soixante eaux-fortes.
> Épreuves avec lettre.

169. L'Eau-forte en 1875. — Album de quarante eaux-fortes par divers artistes.
> Épreuves avant lettre sur hollande.

DROUYN.

170. Vues d'églises, ruines, etc. Quatre pièces, in-fol.
> Belles épreuves.

171. Vues des châteaux de Vayres, Villandreau, etc. — Isole-

ment de la cathédrale de Bordeaux. — Vingt paysages.
Trente et une pièces.

> Belles épreuves.

DUCLOS (MARIE).

172. Vues Paris et province. Sept pièces.

> Épreuves sur chine.

173. Paysages. — Vases. Trente-quatre pièces.

> Épreuves sur chine et hollande.

FLAMENG (L.).

174. La Pièce aux cent florins, d'après Rembrandt.

> Très belle épreuve de remarque, avant-dernier état sur japon.
> Signée par l'artiste.

175. La Ronde de nuit, d'après Rembrandt.

> Superbe épreuve d'artiste sur japon avant les noms des artistes
> gravés à la pointe.

176. Portrait de Mme F***, d'après Carolus Duran.

> Épreuve d'artiste sur chine avec dédicace.

177. La Source, d'après Ingres.

> Épreuve sur chine avant toutes lettres avec dédicace.

178. La même pièce.

> Épreuve unique sur chine, 1er état.

179. Portraits de Mlle Meyer, — A. de Musset, — Marie-Louise,
deux épreuves. Quatre pièces.

> Belles épreuves d'artiste sur chine.

180. Eaux-fortes diverses. Douze pièces.

> Belles épreuves sur japon, chine et hollande avant la lettre.

181. Le Doreur. — La Famille au repos. — Portrait de femme.
Épreuves avec remarques. Cinq pièces.

> Très belles épreuves d'artiste.

182. Sauvé. Eau-forte originale.

> Épreuve d'artiste sur chine. Deux épreuves.

183. L'Enfant bleu, d'après Gainsborough. — Jeune fille, d'après
Amaury Duval. — Saint-Sébastien, etc. Quatre pièces.
Belles épreuves d'artiste.

184. Les Emmurés de Carcassonne. — Le Roman. — Camille
Desmoulins et autres. Cinq pièces.
Épreuves japon et chine signées.

185. La Stratonice, d'après Ingres. — Portrait de femme, etc.
Trois pièces.
Épreuves sur chine avant lettre et artiste.

186. Frontispices pour les Odes funambulesques. — Les Dessous
de Paris. — Contes et récits enfantins, huit pièces, en
tout dix pièces.
Chine collé et chine volant.

187. Picciola, édition Didot. Suite de dix eaux-fortes, épreuves
sur chine collé, plus deux épreuves d'état. Douze
pièces.

FORSTER.

188. Sainte Cécile, d'après P. Delaroche.
Très belle épreuve.

FRANCK.

189. Saint Martin.
Épreuve d'artiste sur chine avec dédicace.

EAUX-FORTES DE GAUCHEREL (Léon).

190. Exemples de décoration. Suite de 66 planches (manque le
n° 61).
Épreuves sur chine.

192. Eau-forte pour les Sonnets et Eaux-fortes, planche inédite.
Trois épreuves.

193. Harpignies, d'après Dubufe.
Trois épreuves sur japon et hollande.

194. Petite femme à la Mouche.

> Cinq épreuves d'artiste sur chine.

195. Statues d'apôtres, d'après Viollet-le-Duc. Huit pièces.

196. Exposition de 1757, frontispice d'après le dessin de Gabriel
de Saint-Aubin appartenant à M. le baron Pichon.

> Deux épreuves d'artiste sur hollande.

197. Menu pour les dîners des Cinquante. Neuf pièces différentes.

> Épreuves d'artiste et d'essai.

198. Intérieur d'un palais romain, d'après un dessin de Duban.

> Quatre épreuves d'essais sur chine.

199. La même pièce.

> Épreuve d'artiste sur chine.

200. Fontaine de Martin Schoen à Colmar. — Monument de Watteau à Nogent-sur-Marne. Neuf pièces japon et chine.

> Épreuves d'artiste.

201. Portraits d'acteurs et d'actrices de la Comédie-Française.
Vingt-huit pièces différentes.

> Épreuves d'état et d'artiste, sur hollande.

202. La Sainte-Chapelle. Neuf épreuves sur blanc et sur japon.
Deux sujets.

203. Vues de Venise. Vingt-trois pièces.

> Épreuves d'essai et d'artiste.

204. Vues de Venise. Vingt-trois pièces.

> Épreuves d'artiste.

205. Vues de province. Vingt-huit pièces.

> Épreuves avant lettre et d'artiste.

206. Paysages divers. Vingt pièces.

> Épreuves avant lettre.

207. Vues du mont Saint-Michel. Neuf pièces.

> Épreuves sur chine.

208. Douze costumes d'Italie, d'après les peintures faites par
Barbault à Rome en 1750.

> Épreuves sur chine.

209. Tombeau de Murger. Quatre épreuves.

210. Eaux-fortes pour catalogues illustrés de ventes de tableaux.
Épreuves d'artiste. Trente pièces.

211. La Femme en blanc, d'après W. L. Orchardson.
Épreuve d'artiste sur japon.

212. Portrait d'Eugène Delacroix, d'après le médaillon de Préault.
Sept épreuves d'artiste sur japon et hollande.

213. Portrait de Lhéritier, d'après G. Caïn.
Dix épreuves d'essais et d'artiste.

214. Portrait de M. le duc d'Aumale, joli médaillon. Huit épreuves
tirées sur divers papiers.

215. Paysages, d'après Busson, Hobbéma, etc.
Vingt-deux épreuves.

216. Soldat sommeillant sur un banc, d'après E. Meissonier.
Épreuve d'artiste sur hollande.

217. L'Apôtre saint Paul, d'après Meissonier.
Épreuve d'artiste sur hollande.

218. Le Peintre de paysage, d'après Meissonier.
Épreuve d'état sur hollande.

219. Cavalier. — Trois hommes causant, d'après Meissonier (les
deux sujets sur la même planche).
Épreuve d'artiste.

220. Galilée, d'après Maréchal de Metz. Grande eau-forte.
Épreuve sur hollande.

221. Vues de Venise. Grande eau-forte.
Épreuve d'artiste sur japon.

222. Nature morte. Grande eau-forte. Cinq épreuves.

223. Le Bourg d'Ault. Grande eau-forte.
Épreuve sur hollande.

224. Marine, d'après Ruysdaël. Grande eau-forte.
Épreuve d'artiste sur chine.

225. Le mont Saint-Michel vu d'Avranches. Grande eau-forte.

> Épreuve d'artiste sur hollande.

226. Chasse de saint Clautaire, apôtre de Tournai. Deux épreuves
différentes de grandeur.

227. A Palaiseau. Grande eau-forte.

> Épreuve sur japon.

228. Eaux-fortes diverses pour le rapport à l'Impératrice sur les
établissements de bienfaisance, 1867. Vingt-six planches
(incomplet).

228 bis. Le Vieux Périgueux. Album de vingt eaux-fortes avec
texte de J. de Verneilh. Exemplaire en feuilles avec couverture.

> Épreuves sur chine et hollande.

229. Sous ce numéro sera vendu par lot un grand nombre de
pièces non cataloguées.

GAUTIER (Lucien).

230. Vues de Paris. Douze pièces.

> Épreuve d'artiste sur japon et hollande.

231. Vues de Paris. Douze pièces.

> Épreuves d'artiste sur japon et hollande.

232. Vue du Palais de Justice et de la Sainte-Chapelle.

> Deux épreuves de remarque dont une sur japon.

233. Vues de Bordeaux, Marseille, etc. Neuf pièces.

> Épreuves d'artiste sur hollande et japon.

234. Entrée du vieux port de Marseille, épreuve d'artiste sur
hollande. — Vue de Notre-Dame et de la Morgue prise du
quai de la Tournelle. Deux pièces.

GAUJEAN (E.).

235. Louis del Rio et ses fils, d'après Antonio Moro, épreuve d'artiste sur japon. — L'Apparition, d'après Moreau. — Su-
zanne au bain, d'après Henner, deux épreuves. Quatre
pièces.

> Épreuves d'artiste.

236. Eaux-fortes, d'après F. Flameng, Comte, Henner, etc. Vingt
et une pièces.
Belles épreuves.

237. Souvenir, d'après Chaplin. Eau-forte en couleur.
Épreuve d'artiste sur blanc.

GILLI (A.).

238. Il mattino di Parini, d'après Barbaglia, épreuve tirée avec
cache. — Ragione di Stato, d'après Didioni, épreuve avec
lettre sur chine avec dédicace. Deux pièces.

GIRARDET.

239. Molière chez Louis XIV, d'après Gérôme.
Épreuve avant la lettre sur chine, encadré.

GREUX (G.).

240. Les Premiers Pas, d'après J.-F. Millet, épreuve d'état.
Le Jubilé de Saint-Étienne du Mont. — Intérieur de Notre-
Dame de Paris. Trois pièces.

241. La Fin de la Chanson, d'après Beaumont, épreuve d'artiste
sur japon. — Intérieur de cour, d'après Fortuny, épreuve
sur japon avec dédicace. Deux pièces.

242. La Bergère, d'après Millet. — Berger gardant son troupeau,
deux épreuves. Trois pièces.

243. Paysage, d'après Th. Rousseau et autres. Quatorze pièces.
Épreuves d'artiste sur japon et hollande.

244. Eaux-fortes diverses, d'après E. Delacroix, Watteau, Chardin,
Snyders, etc. Quinze pièces.
Épreuves d'artiste.

245. Vases et ornements. Neuf pièces.
Épreuves d'artiste.

GUERARD (H.).

246. Tête de négresse. — Azor. — Lettre de faire part. — Azor
dans diverses positions.
Cinq pièces sur japon et hollande.

247. Portraits. — Chinoiseries. — Vues. — Paysages. — Marines, etc. Dix-neuf pièces.

Épreuves d'artistes signées.

GUILLAUMOT.

248. Paysages. — Vues et sujets divers. Vingt-quatre pièces.

Épreuves sur chine.

HAUSSOULLIER.

249. La Semaine, d'après Ingres. Huit pièces, épreuves sur chine
avec dédicace. Trois pièces diverses, d'après Ingres et
Baudry. En tout onze pièces.

Épreuves d'artiste.

SEYMOUR-HADEN.

250. Les Pêcheurs de la Tamise.

Superbe épreuve 1er état, tirée bistre sur chine collé.

251. La même pièce.

Très belle épreuve sur japon volant avec différents changements,
notamment les branches ajoutées à l'arbre de gauche.

252. Greenwich Park (Sub tegmine).

Superbe épreuve d'essai avant la planche réduite, tirée en bistre
sur japon monté avec dédicace.

253. Fulham sur la Tamise, avec trois peupliers seulement.

Première épreuve d'essai et avant le ciel indiqué, tirée sur vieux
papier.

254. La même pièce.

Épreuve d'essai avec les quatre peupliers.

255. Entrée du château de Mytton.

Superbe épreuve d'essai tirée en bistre sur papier vert avec
dédicace signée. Rare.

256. Crépuscule.

Épreuve d'essai sur vieux papier.

257. Le Faubourg du Vieux-Chelsea.

Belle épreuve.

258. Egham sur la Tamise.

Belle épreuve sur vieux papier.

259. Arthur.

Très belle épreuve tirée bistre sur papier anglais. Rare.

260. L'Habitation de lord Harrington dans le jardin de Kensington.

Très belle épreuve sur vieux papier avec dédicace signée.

261. Étude d'arbres dans les jardins de Kensington.

Très belle épreuve du 1er état sur japon.

262. Vue prise de la maison de M. Haden dans Sloane street.

Épreuve d'essai avec les mots *out of study window*, mais avant la signature S. Haden dans l'angle droit. Sur vieux papier avec dédicace signée.

263. La Route qui traverse la Forêt en Irlande.

Superbe épreuve d'essai avant de nombreux travaux et avant la charrette; sur japon.

264. La même estampe.

Très belle épreuve sur whatman.

265. L'Étang au canard.

Très belle épreuve sur japon.

266. La Tamise à Battersea.

Épreuve du 1er état.

267. Penton Hook sur la Tamise.

Très belle épreuve.

267 *bis*. Pièce non décrite.

HÉDOIN.

268. Voyage sentimental de Sterne. Édition des Bibliophiles. Six vignettes.

Épreuves d'artiste sur japon avec dédicace.

269. Histoire de Manon Lescaut. Librairie des bibliophiles. Six eaux-fortes.

Épreuves sur japon, dédicace à M. Gaucherel.

270. Portraits divers pour illustrations et autres en épreuves
d'essai et d'artiste. Six pièces.

271. Le Repas de chasse, d'après Van Loo. — Sujets de la Bible,
d'après Bida. Six pièces.
Épreuves d'état.

JACQUE (Ch.).

272. Paysage, Forêt vierge (Cat. Guiffrey 10).
Cette pièce n'a été tirée qu'à quelques épreuves et la planche fut
détruite.

273. Les Chanteurs (Cat. G. 25).
Très rare épreuve avant les dernières retouches et avant la
signature Ch. Jacque, *inv. et sculp.* au-dessous du trait carré.
Épreuve sur chine.

274. Paysage, Saules (Cat. G. 65).
Épreuve d'essai, état non décrit avant le 1er, sur chine.

275. L'Orage (Cat. G. 226).
Épreuve sur hollande avec le nom de l'artiste.

276. La Grande chaumière Kercassier (Supplément Cat. G. 232).
Épreuve sur japon avec dédicace.

277. Les Petites maisons Kercassier (Supplément Cat. G. 233).
Épreuve avec dédicace sur japon.

278. Les Mois. Gravures sur bois, par Ad. Lavielle.
Épreuves sur chine collé, avant lettre, reliées en album.

JACQUEMART (J.).

279. Les Gemmes et Joyaux. Tome Ier en feuilles.
Épreuves avec lettre, trente eaux-fortes.

280. Gemmes et Joyaux.
Vingt-quatre pièces diverses du 1er et 2e volume en épreuves
d'artiste et d'état.

281. Madame de Grignan. — Madame de Sévigné. Deux pièces.
3e état avant l'entourage.

282. Compositions de fleurs, suite complète de huit pièces.

Épreuves 1ᵉʳ état de tirage avant les numéros et avant l'adresse.

283. Fleurs. Quatre pièces.

Épreuves d'états différents.

284. Plantes de serre. — Marine, d'après Van Goyen, 3ᵉ état. — Souvenir de voyage, 3ᵉ état et autres pièces.

Cinq épreuves.

285. Portrait, d'après Van der Helst, épreuve d'artiste signée. — Albert Jacquemart, 4ᵉ état. — Thoré, 3ᵉ état. — R. Wallace, 2ᵉ état.

Quatre pièces signées.

286. Tête de jeune femme, d'après Greuze, 4ᵉ état. — Hill Bobb. d'après Hals, artiste, signée. — Portrait d'homme, d'après Hals, artiste, avec dédicace. — Henri III, d'après Germain Pilon. Quatre pièces.

287. Ornements. — Curiosités. — Médailles. — Orfèvrerie, etc. Dix pièces.

Épreuves d'artiste signées.

JASINSKI.

288. Robe rose, d'après Stewens, épreuve d'artiste sur hollande. — Intérieur, d'après un maître hollandais, quatre épreuves sur japon et hollande. Cinq pièces.

JOHANNOT (Tony).

289. Eaux-fortes diverses. — Vignettes. Quatorze pièces.

KING.

290. Portraits d'hommes, d'après Rembrandt.

Cinq épreuves d'artiste.

KOEPPING.

291. La Femme de Rembrandt.

Deux superbes épreuves d'artiste.

LAGUILLERMIE.

292. Gulliver, d'après J.-G. Vibert.

Épreuve d'artiste sur japon avec dédicace.

293. La Mort de Marceau, d'après J.-Paul Laurens.

Épreuve d'artiste sur japon avec dédicace.

LALANNE (M.).

294. Victor Hugo chez lui. Douze pièces.

Épreuves d'état et d'artiste.

295. Vues de Paris. — Paysages. — Marines. Vingt pièces.

Épreuves d'artiste.

LALAUZE.

296. Le Petit Monde. Dix pièces.

Épreuves sur hollande avant lettre, avec couverture. Dédicace.

297. Portrait du bibliophile Jacob. — Portrait de Monsieur Grévy. Deux pièces.

Épreuves de remarque sur hollande avec dédicace.

298. Convalescence, d'après Bida.

Épreuve sur chine signée.

299. Eaux-fortes diverses, d'après Greuze, Rembrandt, Bonnat. Six pièces.

Épreuves d'artistes sur japon, chine et hollande.

300. Eaux-fortes diverses, d'après Béraud, Casanova, Diaz, Boucher, etc. Dix pièces.

Épreuves d'artiste sur hollande.

301. Eaux-fortes, d'après divers artistes. Trente pièces.

Épreuves d'artiste, signées sur japon, chine et hollande. Sera divisé.

302. Millevoye. Édition Quantin. — Suite complète de six pièces.

Épreuves avec remarque et signature au crayon, sur japon.

303. Contes et Nouvelles nouvelles de la Reine de Navarre.
Édition Jouaust. Série complète de dix eaux-fortes.
Épreuves d'artiste sur hollande signées.

304. Gulliver. Suite de huit pièces et un portrait.
Épreuves d'artiste sur hollande.

305. Les Mille et une Nuits. Édition des bibliophiles. — Suite
complète de vingt et une pièces.
Épreuves d'artiste sur hollande avec remarque, signature au
crayon et dédicace.

306. Paul et Virginie. — Suite complète de six figures et deux
vignettes tirées hors texte.
Épreuves d'artiste sur japon avec signature au crayon.

307. Vignettes, Titres, Portraits pour illustration. Dix pièces.
Belles épreuves.

308. Entrée de Charles-Quint à Anvers, d'après Makart.
Épreuve d'artiste sur japon. Deux épreuves.

309. Molière chez Louis XIV, d'après Vetter.
Épreuve d'artiste avec des croquis sur la marge du bas, signée.

310. Le Joueur de flûte, d'après Bargue.
Épreuve d'artiste d'une planche appartenant à M. Wilson, non
publiée, dédicace signée, sur japon.

LAURENCE (P.).

311. École au Caire, d'après H. Brown. — Portrait de Chaplin,
d'après Richard.
Deux épreuves d'artiste dont une avec la signature de Chaplin.

LE COULTEUX (LIONEL).

312. La Bohémienne, d'après F. Hals.
Très belle épreuve sur chine avec dédicace

313. Ramasseuses de pommes de terre.
Deux épreuves d'artiste sur hollande.

314. Le Maréchal Prim, d'après H. Regnault.
Deux épreuves sur hollande dont une est terminée, avec dédicace.

LEGROS.

315. Portraits de Victor Hugo (12), 4ᵉ état. — A. Delatre (19), 2ᵉ état. — Dalou (41), 5ᵉ état. — Le Grand Espagnol (28). Quatre pièces.

316. Cours de phrénologie. — L'Incendie. — La Mort et le Bûcheron, etc. Onze pièces.

317. Les Pêcheurs d'écrevisses (n° 74). — Procession dans une église espagnole (49), 4ᵉ état. Deux pièces.

318. Paysan breton (29). — Job (67), 3ᵉ état. — Procession dans une église espagnole. Trois pièces.

319. Sept eaux-fortes, plus le titre de la suite de dix eaux-fortes publiées chez Holloway et fils à Londres.

Épreuves sur chine.

319 bis. Eaux-fortes diverses publiées chez Cadart et Luquet, en épreuves d'état et épreuves d'artiste sur hollande. Trente-deux pièces.

LERAT.

320. Quatre eaux-fortes, d'après Fromentin.

Épreuves d'artiste sur japon.

321. Portraits divers. Vingt-trois pièces.

Épreuves d'état et d'artiste.

322. Pièces de catalogues. — Ornements. — Sujets divers. Vingt pièces.

LETOULA.

323. Portrait de E. Delacroix. — Le roi Morvand, d'après Luminais. — Excommunication de Robert le Pieux, d'après J.-P. Laurens. — Trois lithographies.

Épreuves d'artiste.

LHUILLIER (V.).

324. Portraits et sujets divers. Sept pièces.

Épreuves sur japon et hollande.

LUCAS.

325. Portrait de femme d'après Porbus. — La Lecture, d'après
Fragonard, et autres. Dix pièces.

Épreuves divers états sur japon et hollande.

LURAT.

326. Eaux-fortes diverses, d'après Carolus Duran, Teniers, Decamps, etc. Sept pièces.

Épreuves d'essai.

MARTINEZ.

327. Cinq vignettes épreuves avant la lettre pour Molière, d'a-
près Boucher. — Portrait-médaillon d'Alfred de Musset.
— Une pièce d'après Vibert, épreuve de remarque avec
l'épreuve de la planche rayée. Huit pièces.

MASSARD (L.).

328. Portrait d'enfant, d'après Bastien-Lepage, deux épreuves
de remarque. — Portrait de M. Thiers, d'après Bonnat.
Trois pièces.

329. Le Christ couronné d'épines, d'après le Titien.

Très belle épreuve de remarque sur chine.

MASSON (Noël).

330. Paysages. Eaux-fortes originales. Cinq pièces.

Épreuves d'artiste.

MEISSONIER (Ernest).

331. Les Reîtres. Eau-forte originale.

Épreuve sur vieux papier.

332. Le Fumeur. Eau-forte originale.

Superbe épreuve sur chine, grandes marges, le nom et la date
sont très visibles. Encadré.

333. Le Polichinelle.

Épreuve sur vieux papier.

334. Le Sergent Rapporteur. Eau-forte originale.

Épreuve sur parchemin.

335. La même pièce.

Épreuve sur hollande.

MEISSONIER (d'après E.).

336. L'Apôtre saint Paul. Gravé par Gaucherel.

Épreuve d'artiste sur papier vert.

337. Trois hommes causant. Gravé par Gaucherel.

Épreuve sur chine.

338. Le Peintre de paysage. Gravé par Gaucherel.

Épreuve d'état sur hollande.

339. La Sentinelle. Gravé par Gaucherel.

Épreuve d'état sur hollande et épreuve d'artiste sur chine.

340. Soldat sommeillant sur un banc. Gravé par Gaucherel.

Épreuve d'artiste sur hollande.

341. La même pièce.

Épreuve d'eau-forte sur hollande.

342. Le Fumeur. Gravé par Rajon.

Épreuve d'état sur chine avec un mollet effacé.

343. La même pièce.

Épreuve sur hollande d'un état plus avancé avec les deux mollets effacés.

344. La même pièce.

Épreuve terminée avec lettre sur chine.

345. Lecture chez Diderot. Gravé par Mongin.

Épreuve d'artiste sur hollande et sur parchemin. Deux pièces.

346. La même pièce.

Épreuve d'état et épreuve terminée sur hollande. Deux pièces.

347. Portrait de A. Dumas fils. Gravé par Mongin.

Épreuve d'artiste sur japon.

348. La Chanson. Gravé par Mongin.

Épreuve d'artiste sur hollande.

349. Le Portrait du Sergent. Gravé par Mongin.

Épreuve du 3e état sur japon avec dédicace.

350. L'Ordonnance. Gravé par Mongin.

Épreuve d'artiste avec dédicace, pièce non publiée.

351. Le Bibliophile. Gravé par Le Rat.

Épreuve terminée sur japon avec dédicace, timbrée à Londres.

352. La même pièce.

Huit épreuves divers états et terminées sur japon et hollande.

353. Le Joueur de Flûte. Gravé par Le Rat.

Épreuve d'état très avancé, tirée nature.

354. La même pièce.

Épreuve d'artiste sur hollande.

355. La même pièce.

Épreuve d'artiste sur chine collé.

356. Les Frères Van de Velde. Gravé par Le Rat.

Deux épreuves d'artiste dont une sur japon.

357. Cavalier. Gravé par Le Rat.

Épreuve d'état sur chine avec dédicace.

358. Joueurs de cartes. Gravé par Le Rat.

Épreuve de 1er état et épreuve d'artiste. Deux pièces sur chine et hollande.

359. Gentilhomme Henri III. Gravé par Lalauze.

Épreuve d'artiste sur hollande avec dédicace.

360. Une Halte. Gravé par Lalauze.

Épreuve d'artiste sur hollande signée, et épreuve d'état avec les remarques sur japon, signée. Deux pièces.

361. Le Maréchal Duroc. Gravé par Monziès.

Épreuve d'état et épreuve terminée. Deux pièces.

362. Le Sergent Recruteur. Gravé par Hédoin.

Épreuve sur chine.

363. La Halte. Gravé par L. Flameng.
> Épreuve d'artiste sur chine.

364. Les Amateurs de peinture. Gravé par L. Flameng.
> Épreuve d'artiste sur chine avec dédicace.

365. Défilé des populations lorraines à Nancy. Gravé par J. Jacquemart.
> Épreuve sur hollande avec dédicace.

366. Homme d'armes. Gravé par Leral.
> Épreuve d'eau-forte pure.

MERCIER (G.).

367. Portraits et eaux-fortes, d'après Rubens, F. Hals, etc. Dix pièces.
> Épreuve d'artiste.

MERYON (Ch.).

367 *bis*. Porte d'une vieille maison à Bourges.
> Superbe épreuve.

MERYON (d'après).

368. Le Vaisseau. Lithographie de Th. Chauvel, d'après un pastel de Meryon.
> Très belle et rare épreuve avant toutes lettres, les inscriptions sont au crayon.

MILLET (J.-F.).

369. Les Glaneuses. Eau-forte originale.
> Épreuve tirée en bistre.

MILLIUS.

370. Portraits. — Paysages. Sujets, d'après divers peintres.
> Vingt-deux épreuves d'essai et d'artiste.

MITCHEL.

371. Vue du Nouvel Opéra. Grande eau-forte.
> Épreuve sur chine.

MONGIN.

372. Frontispice, deux épreuves. Vignettes pour Molière, six
pièces avant lettre sur hollande. Huit pièces.

373. Dans la loge, d'après Alma Tadéma, trois épreuves. — La
Bohémienne, d'après F. Hals, quatre épreuves, états et terminées. — Portraits, trois épreuves. Ensemble dix pièces.

374. Sur la grande route, d'après Glindoni.
> Épreuve de remarque sur hollande siguée du peintre et du gra-
> veur.

375. Vignettes pour le Capitaine Fracasse, édition Jouaust,
d'après C. de Lort. Quatorze pièces, épreuves d'artiste.
Quatorze pièces épreuves d'état. — Portrait de Th. Gautier.
Vingt-neuf pièces sur hollande.

MONZIÈS (D.).

376. Eaux-fortes originales, d'après Goupil et autres.
> Huit épreuves hollande et japon.

377. Eaux-fortes, d'après Fromentin, Wauters, Le Blant, etc.
Sept pièces.
> Épreuves d'artiste et essais sur hollande et japon.

MORDANT (D.).

378. République, d'après Dalou, épreuve d'état. — Enfants sous
un portique, d'après une esquisse de Van Dyck, épreuve
d'essai. Deux pièces.

379. Portraits d'après divers artistes. — Sous le Directoire,
d'après Edelfelt et autres. Onze pièces.

380. Eau-forte, d'après Armand Balon, épreuve d'artiste sur
japon. — La Toilette. Deux pièces.

NANTEUIL (CÉLESTIN).

381. Enrichetta. — Jacinta. — Pièce pour les Évangiles, d'après
Bida. Trois pièces avec dédicace.

RAJON (P.).

382. Son portrait. Eau-forte originale, in-8.

Épreuve d'état et épreuve terminée artiste sur chine inédit.

383. Rembrandt dans son atelier, d'après Gérôme.

Épreuve non entièrement terminée sur chine avec dédicace signée.

384. La même pièce.

Épreuve d'artiste sur chine.

385. Portrait de *Darwin*, d'après W.-W. Ouless.

Superbe épreuve d'artiste, les noms des artistes à la pointe, tirée sur papier Whatman. Cette pièce, non publiée, n'a été tirée qu'à un petit nombre ; la planche est rayée.

386. Portrait de Bracquemond tenant un flacon d'acide.

Très rare épreuve d'état avant de nombreux travaux et avant le nom de Bracquemond.

387. La même pièce.

Épreuve d'un état plus avancé avec le nom de Bracquemond.

388. La même pièce.

Très belle épreuve d'artiste sur hollande.

389. Le Chimiste Pochin, d'après Ouless.

Épreuve d'état sur hollande.

390. Portrait de Victor Hugo, d'après Bonnat.

Épreuve d'état presque terminée avant le nom à la pointe.

391. La même pièce.

Épreuve d'artiste sur hollande.

392. François Coppée. Eau-forte originale.

Épreuve sur hollande du 1er état, dédicace signée.

393. Portrait de A. Dumas père.

Épreuve d'artiste sur vergé.

394. Portrait de Mrs Siddons, d'après Gainsborough.

Épreuve d'artiste sur japon.

395. Mrs Baldivin, d'après Reynolds. Deux pièces.

Épreuve d'état sur japon et épreuve d'artiste sur hollande.

396. Mme Pasca, d'après Bonnat.

Trois épreuves d'artiste sur hollande.

397. Mlle Delaporte, actrice.

Épreuve d'artiste sur chine, pièce inédite.

398. J.-J. Mill, d'après G.-F. Watts.

Épreuve d'artiste sur hollande.

399. Thomas Edward d'après R.

Épreuve non terminée sur hollande.

400. La même pièce.

Épreuve d'artiste terminée sur hollande avec dédicace signée.

401. Portraits de Gouffé, — Madame de Sabran, — Madame X. Trois pièces.

Épreuves d'artistes sur japon et hollande.

402. La Femme au chapeau de paille, d'après Rubens.

Épreuve non terminée sur hollande.

403. La même pièce.

Épreuve d'artiste terminée sur hollande.

404. Portraits et sujets fac-similés de dessins au crayon noir et à la sanguine. Sept pièces originales.

Très rares.

405. Portraits hommes et femmes. Quatre pièces.

Épreuves d'état et d'artiste.

406. Portraits divers pour servir à l'illustration. Six pièces.

Épreuves d'artiste et d'état.

407. Le Hache-paille égyptien, d'après Gérôme.

Trois épreuves non terminées en divers états.

408. La même pièce.

Épreuve d'artiste terminée.

409. L'Amour platonique, d'après Zamacois.

Épreuve sur hollande, état très avancé mais pas encore à l'effet

410. La même pièce.

Épreuve sur chine presque terminée.

411. La même pièce.

Épreuve d'artiste sur chine.

412. Sommeil de Bébé, d'après Vibert, épreuve japon signée.
Intérieur de cabaret, d'après J. Stein. Deux pièces.

Épreuve sur hollande.

413. La Leçon de musique, d'après Metzu, deux épreuves dont
une avant la lettre. — Femme et son enfant, d'après
Rubens. — Marine, d'après Turner. — Le Serment. —
Portrait de femme. Six pièces.

Épreuves chine et japon.

414. La Petite Alsacienne, d'après Charles Marchal. — L'Alsace.
— Vignettes, d'après Boilvin et d'après Detaille. Cinq
pièces.

Épreuves d'artiste.

415. Le Muezzin, d'après Gérôme. Deux pièces.

Épreuve d'état et épreuve d'artiste sur chine.

416. Têtes de femmes, d'après Greuze. Trois pièces.

Épreuve avant lettre et état.

417. Mariage protestant en Alsace. Deux pièces.

Épreuve d'état et épreuve terminée.

418. Salomé, d'après H. Regnault. Deux pièces.

Épreuve d'état et épreuve d'artiste sur chine.

419. Un duel après le bal, d'après Gérôme.

Deux épreuves, états différents.

420. La même pièce.

Épreuve d'artiste sur hollande.

421. Jeunes Grecs à la mosquée, d'après Gérôme.

Trois épreuves d'artiste sur chine dont une épreuve d'état.

422. Corps de garde d'Arnautes au Caire, d'après Gérôme.

Deux épreuves non terminées en états différents.

423. La même pièce.

    Épreuve d'artiste sur chine.

424. Finette, d'après Watteau, deux épreuves d'artiste chine volant et chine collé. — L'Indifférent, d'après Watteau. Trois pièces.

    Épreuve d'état sur blanc.

425. Rixe dans un cabaret en Alsace, d'après Vautier.

    Très belle épreuve d'artiste sur grand chine volant.

426. Nègre conduisant deux lévriers, d'après Gérôme.

    Épreuve d'artiste sur hollande.

427. Lecture de la Bible, d'après Brion.

    Épreuve presque terminée sur chine.

428. La même pièce.

    Épreuve d'artiste avec les noms d'artiste, mais avant l'adresse de la *Gazette*.

429. La même pièce.

    Épreuve avant lettre, mais avec *Gazette des beaux-arts*.

RAMUS (E.).

430. Eaux-fortes, d'après Daumier, Rubens, Rembrandt, Boilly, etc. Dix-huit pièces.

    Belles épreuves d'artiste et d'essai.

431. L'Intermède, d'après Beraud, épreuves d'état et terminée. — Le Marché aux chevaux, d'après Rosa Bonheur, épreuve d'artiste. — Convoi d'un enfant, épreuve avant lettre. Janissaire, deux épreuves. Six pièces.

RENOUARD (P.).

432. Gambetta sur son lit de mort, trois épreuves, etc. Dix-neuf pièces.

    Épreuves d'essai.

433. L'Opéra. Séries 4 et 5. Onze pièces.

    Belles épreuves sur hollande.

ROCHEBRUNE (De).

434. Vues de Notre-Dame de Paris. — Louvre. — Chambord, etc.
Onze pièces.

Épreuves sur hollande avant et avec lettre.

435. Vues de châteaux, épreuves avec lettres sur hollande, plusieurs avec dédicace. Vingt-deux pièces.

ROPS et AUTRES.

436. Collection de seize eaux-fortes publiées en Belgique.

Épreuves sur japon.

SAINT-ÉTIENNE.

437. Paysages. Eaux-fortes originales. Vingt et une pièces.

SIROUY.

438. Vénus et Adonis, d'après Prud'hon.

Très belle épreuve d'artiste sur chine.

SOCIÉTÉ DE GRAVURE FRANÇAIS.

439. La Maîtresse du Titien et le Songe du Chevalier, par Danguin. — Sébastien del Piombo, par Salmon, etc.

Neuf pièces avant la lettre sur chine.

TISSOT (J.).

440. Louise. Pointe sèche.

Deux épreuves sur chine.

TOUSSAINT (H.).

441. La Parisienne, d'après Colin.

Épreuve d'artiste sur japon avec dédicace. Signée.

442. Paysages, d'après Corot, Diaz, etc. Huit pièces.

Épreuves d'artiste.

443. Vues de Rouen, — Amiens, — Paris. Eaux-fortes originales.

Épreuves d'artiste sur chine et hollande. Douze pièces.

VALENTIN (H.).

444. Napoléon, d'après Leveel. — Pie IX et autres portraits et reproductions de statues. Quinze pièces.

Épreuves d'artiste.

VEYRASSAT.

445. Dix eaux-fortes originales en un album.

Épreuves sur chine avec dédicace.

WALTNER (Ch.).

446. La Bohémienne, d'après Ricard.

Épreuves d'artiste sur hollande ; les noms à la pointe.

447. La Femme du joueur, d'après Millais.

Épreuve d'artiste sur japon, les noms à la pointe.

448. La Bohémienne, d'après Ricard. — Portrait d'homme. Deux pièces.

Épreuves d'artiste.

449. Portrait d'homme, d'après Van Dyck.

Épreuve avant toutes lettres sur chine avec dédicace.

WATTEAU (d'après Ant.).

450. L'Embarquement pour Cythère. Gravé par Tardieu.

Très rare épreuve à l'état d'eau-forte.

451. La Mariée de village. Gravé par N. Cochin.

Rare épreuve à l'état d'eau-forte.

WHISTLER.

452. Cour de ferme à Liverdun.

Belle épreuve sur papier vergé.

YON (E.).

453. Paysages. — Eaux-fortes originales et d'après divers. Dix
pièces.

Très belles épreuves de remarque et artiste sur japon,

454. Paysages. — Eaux-fortes originales.

Épreuves d'essai. Six pièces.

LIVRES

455. **Album** de la Gazette des beaux-arts. 50 pl. Paris, 1867.
1 vol. in-fol. en portefeuille.

456. **Armengaud.** — Les Galeries publiques de l'Europe. Paris,
Claye, 1856. 1 vol. in-fol. demi-rel.

457. **Aymard Verdier et Cattois.** — Architecture civile et
domestique au Moyen Age et à la Renaissance. Paris,
Didron, 1855. 2 vol. in-folio, demi-rel. mar. noir.

458. **Ch. Blanc.** — Catalogue de l'Œuvre de Rembrandt.
Paris, Gide, 1859. 2 vol. in-4, demi-rel.

459. **Bida.** — Les Saints Évangiles, traduction de Bossuet par
M. Wallon, de l'Institut. Paris, Hachette, 1873. 2 vol. gr.
in-fol.

Exemplaire avant la lettre.

460. **Cahier et Martin.** — Mélanges d'Archéologie, d'Histoire
et de Littérature. Paris, Vᵛᵉ Poussielgue-Rusand, 1847-
1849. 4 vol. in-fol. demi-rel.

461. **Caillat (V.).** — La Sainte-Chapelle de Paris. Paris, Bance
1857, 1 vol. in-fol. demi-rel. mar. vert.

462. **Catalogue** illustré des Tableaux anciens de toutes les
écoles composant la collection de M. le baron de Beur-
nonville. 1 vol. gr. in-4, br.

463. **Catalogue** illustré des objets d'art et d'ameublement, ta-

bleaux composant la galerie San-Donato. 1 vol. pet. in-fol. cart.

464. Catalogue illustré de Tableaux modernes composant la collection de M. F. Hartmann. 1 vol. gr. in-4, broché.

465. Catalogue illustré des Tableaux anciens et modernes composant la collection de M.-B. Narischkine. Paris, 1883. 1 vol. gr. in-4, br.

466. Collection d'objets d'art de M. Thiers léguée au Musée du Louvre. Paris, imprimerie Jouaust et Sigaux. 1884, 1 vol. pet. in-fol, br.

467. Catalogue illustré de la collection de M. John Wilson. Paris, imprimerie de J. Claye, 1873. 1 vol. pet. in-fol. br.

468. Cooke's. — *Thames Scenery*, 1 vol. in-fol. demi-rel. mar. vert avec coins.

469. De Dartein. — Étude sur l'architecture lombarde et sur les origines de l'architecture romano-byzantine. Paris, Dunod, 1879. 1 vol. de texte et 1 vol. de planches.

En livraisons.

470. Baron Davillier. — Les Origines de la porcelaine en Europe du XVe au XVIIe siècle. Paris, librairie de l'Art, 1882. 1 vol. in-4, br.

471. Delafosse. — Nouvelle Iconologie historique. 114 pl. Paris, 1768. 1 vol. in-fol. anc. rel. v. marb.

472. Discours du Songe de Poliphile. A Paris, chez M. Kerver, 1561. 1 vol. pet. in-fol. relié en parchemin.

Bel exemplaire avec quelques mouillures et quelques cassures.

473. Drouyn. — La Guienne militaire. Bordeaux et Paris, 1865. 2 vol. de texte et 1 vol. de planches, demi-rel. mar. noir avec coins.

474. Duplessis (G.). — Histoire de la Gravure. Paris, Hachette, 1880. 1 vol. in-4, cart.

475. Duplessis-Bertaux. — Recueil de Cent sujets de divers genres. A Paris, chez Thierry, 1846. 1 vol. in-4, oblong.

476. Les Établissements généraux de bienfaisance placés sous le patronage de l'Impératrice. Paris, Imprimerie impériale, 1876. 1 vol. mar. r. dent.

477. **Fillon** (B.). — L'Art de la terre chez les Poitevins. Niort, Clouzot, 1864. 1 vol. gr. in-4, demi-rel. mar. r. avec coins.

478. **Fillon et Rochebrune.** — Poitou et Vendée. Fontenay-le-Comte, Pierre Robuchon. 1861. Livraisons 1 à 6.

479. **The Grosvenor Gallery.** — Catalogue illustré. Londres, librairie de l'Art, 1 vol. gr. in-4, broché.

480. **Jacquemin.** — Iconographie générale et méthodique du costume du iv° au xix° siècle. A Paris, chez l'Auteur. 1 vol. in-fol. demi-rel. mar. r.

Exemplaire colorié.

481. **J. de Goncourt.** — Eaux-fortes. Notice et catalogue de P. Burty. Paris, librairie de l'Art, 1876. 1 vol. in-fol. en portefeuille.

Exemplaire sur papier de Hollande, n° 26.

482. **Léon Gaucherel et J. Verneilh.** — Le Vieux Périgueux. Album de vingt gravures à l'eau-forte. Paris, chez l'Auteur, 1867. 1 vol. in-fol. demi-mar. avec coins.

483. **Journal l'Art.** — Années 1875 à 1885 comprise ; onze années.

Très bel exemplaire avec la lettre, en livraisons.

484. **Lassus.** — Album de Villard de Honnecourt, architecte du xiii° siècle. Imprimerie impériale, 1858. 1 vol. gr. in-4, demi-rel. mar. r. avec coins.

485. **Lavalée Poussin.** — Nouvelle collection d'arabesques. Paris, Treutel et Wurtz. 1 vol. pet. in-fol.

486. **Lienard.** — Spécimens de la décoration et de l'ornementation au xix° siècle. Liège, Claessens, 1866. 1 vol. in-fol. dem. mar. avec coins.

487. **E. Lievre.** — Le Musée universel. Première série. Paris, Goupil, 1868. 1 vol. in-fol. En feuilles.

488. **Perkins C.-C.** — Les Sculpteurs italiens. Paris, Renouard. 1 vol. in-4, demi-rel.

489. **L. Reynaud.** — Traité d'architecture. Paris, Carilian-Gœury et V. Dalmont, 1850. 2 vol. de pl. et 2 vol. de texte, demi-rel. mar. r. avec coins.

490. **Salzenberg**. — Sainte-Sophie de Constantinople. Berlin, Ernst et Korn, 1854. 1 vol. gr. in-fol. cart.

491. **Sonnets et Eaux-fortes**. — Paris, A. Lemerre, 1869.

Exemplaire en grand papier.

492. **Véron et Lançon**. — La Troisième Invasion. Paris, librairie de l'Art, 1876. 1 vol. in-fol.

Exemplaire sur papier vélin, nº 246.

493. Sous ce numéro seront vendus quelques lots de très bons livres sur les beaux-arts.

Paris. — Typ. G. Chamerot, 19, rue des Saints-Pères. — 19404

Bligny 119 Bᵈ Pereire

M. Tenaille 6. place de
la Madeleine